TROISIÈME MÉMOIRE

PRÉSENTÉ

A M. LE PRÉSIDENT

ET A MM. LES JUGES DU TRIBUNAL CORRECTIONNEL

DE VERSAILLES

RÉPONSE A UNE ASSIGNATION CORRECTIONNELLE

Le dimanche 7 janvier 1877, à Versailles, tout près du Pavillon Barascud, vers deux heures et un quart, je m'installe avec aisance dans une chaise d'honneur et bien rembourrée et je dépose à côté, sur une autre chaise en paille, un portefeuille avec fermoir d'argent et aux armes, contenant environ cinquante mille francs de valeurs financières.

La musique militaire faisait entendre une délicieuse mélodie pleine de sentiment. J'attends paisiblement la fin du morceau, et fais ensuite moi-même en ces termes une musique politique, sous forme de lecture à haute et intelligible voix et en restant toujours assis.

Vive la République conservatrice !

A bas, par la voie légale de la dissolution, les tristes gens du Quatre-Septembre, partisans des enterrements civils.

Au nom de Dieu tout-puissant et éternel, malédiction, malédiction, malédiction sur eux !

MESSIEURS,

J'ai reçu l'assignation que voici à l'effet de comparaître, le jeudi 11 janvier courant, devant le tribunal correctionnel de Versailles, pour avoir, à la sortie de la Chambre des Députés, le 12 décembre 1876, vers six heures du soir, proféré les cris suivants :

Vive le Maréchal de Mac-Mahon ! Vive le Sénat ! Vivent les Députés conservateurs, et à bas, par voie de dissolution légale, les radicaux, ennemis de la religion et propagateurs des doctrines athées et révolutionnaires !

Voici ma réponse à cette assignation : elle est détaillée dans les quatre pièces imprimées que je représente, et que je vais vous lire.

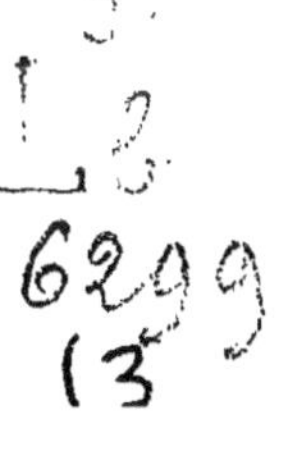

Il s'est aussitôt formé autour de moi un groupe nombreux et bienveillant; et j'ai lu avec énergie et sans être interrompu, mais avec calme et en observant les convenances, les deux premières pièces, les mêmes qui sont contenues dans le présent mémoire.

La musique militaire ayant repris ses aimables et douces symphonies, je me suis tu.

Alors seulement un agent de police, petit de taille et replet, et à bonne et excellente figure, est venu très-poliment me prier de vouloir bien le suivre. Je lui ai répondu avec le plus grand calme et avec la même politesse qu'il m'était impossible de satisfaire à ses désirs, et que je ne céderais qu'à la force. J'avais presque envie d'ajouter, par une réminiscence de Mirabeau : Je suis ici par la toute-puissance de Dieu et je n'obéirai qu'à Dieu !

Le doux agent de police m'a fait alors observer avec beaucoup de raison que je provoquais un rassemblement, et que je ne pouvais rester là. Je lui ai répondu, sans m'émouvoir, que j'étais tout disposé à partir volontairement pour aller faire mes dévotions dans l'Église Notre-Dame, s'il me donnait publiquement sa parole d'honneur de ne point m'arrêter : ce qu'il a fait en présence de nombreux témoins; et je me suis éclipsé paisiblement et sans bruit.

J'ai ainsi prouvé à la police, comme je l'ai déjà dit quelque part, que je cède très-volontiers à la douceur, mais que je résiste énergiquement à la violence.

Cet aimable et honnête agent de police a fait preuve de beaucoup de tact et d'adresse, et mérite de l'avancement. Il a certainement empêché un grand scandale. Je prends note de ses bons services; et quand] je serai le Mameluck d'une future et jeune Majesté, je lui ferai donner un avancement très-convenable.

MA RÉPONSE A CEUX QUI M'OPPOSENT MA CONDAMNATION, EN 1858, A TROIS MOIS DE PRISON POUR DÉLIT DE PRESSE

Ministère public durement accusateur, l'arrêt rendu par défaut, dont la signification ne m'est jamais parvenue et qui m'a condamné injustement à trois mois de prison que j'ai volontairement subis, serait-il devenu dix millions de fois définitif et aurait-il acquis dix millions de fois l'autorité de la chose jugée, que mon honneur de réformateur énergique, d'écrivain indépendant et consciencieux, et de père d'une nombreuse et très-honorable famille, serait cent millions de fois intact !

Oui, à une dure accusation de la force de dix millions, je réponds par une énergique affirmation d'honneur de la force de cent millions !

I

Versailles, le samedi 30 décembre 1876.

A Monsieur le Substitut du Procureur de la République de Versailles
qui m'a interdit de me représenter au Parquet.

MONSIEUR LE SUBSTITUT,

Je regrette beaucoup que certaines paroles de moi, que je vais transcrire, aient été mal interprétées et, par suite, prises en fort mauvaise part.

J'ai eu l'honneur de vous dire que la démarche que je faisais était en faveur du Parquet bien plus qu'en ma faveur.

En effet, devant tout tribunal équitable, il me sera facile de prouver que je n'ai poussé qu'un cri public, non séditieux, passible de onze francs d'amende et de cinq jours au plus d'emprisonnement.

Pour un délit aussi mince, il n'était pas nécessaire, surtout après mon interrogatoire devant M. le commissaire de police central, de continuer à me détenir et de m'envoyer dans une prison. J'étais solvable, porteur sur moi de près de 8,000 fr., honorablement connu, marié, père de sept enfants, et libraire régulièrement établi. Je ne pouvais donc pas disparaître, et on n'avait pas le droit de me tenir enfermé du moment où j'offrais, en outre, de fournir caution.

D'une autre part, il est positif qu'on m'a soupçonné d'être atteint d'une monomanie religieuse me poussant à proférer des cris de nature à troubler l'ordre public.

Arrêté pour ce motif, on devait me déposer dans un hospice et non me faire passer par toutes les horreurs, toutes les souffrances et toutes les insomnies continuelles et prolongées du dur régime cellulaire. Ici, la violation de la loi de 1838, sur les aliénés, est flagrante. Je le prouverai en temps et lieu ; et, si l'on me fait subir un jugement, je me verrai dans la pénible nécessité de faire ressortir publiquement, et par la voie de la presse, tout ce qu'il y a eu d'illégal et même d'odieux dans les procédés de la police radicale de M. Jules Simon, ministre de l'intérieur et président du conseil des ministres.

Il est évident que mon procès, si on le poursuit, aura un grand retentissement.

L'Évangile nous dit : « Il est nécessaire qu'il arrive des scandales ; mais malheur à celui par qui le scandale arrive ! »

C'est ce malheur que je voudrais conjurer en priant respectueusement le Parquet d'abandonner un prétendu délit d'outrage qui se réduit à une affaire de simple police. N'est-il pas plus qu'évident que, par ma dure détention de quatre jours et de quatre nuits d'un cruel régime cellulaire subi dans toute sa rigueur, par les transes continuelles et douloureuses données à ma femme et à mes sept enfants, et par l'énorme préjudice moral et matériel qu'on m'a porté, en me faisant conduire publiquement, et en plein jour, par un gendarme et avec une menotte ; n'est-il pas plus qu'évident que ma contravention de simple police, si contravention il y a, est plus qu'expiée, et qu'il serait contraire à toute justice et à toute humanité, aussi bien qu'à la maxime *non bis in idem*, ou à celle *summum jus, summa injuria*, d'y donner la moindre suite?

Monsieur le Substitut, vous êtes un magistrat d'avenir; votre figure est noble, vos manières distinguées. Je ne doute pas que votre cœur ne soit excellent. Je fais donc appel à tous vos sentiments les plus délicats, et vous prie respectueusement, au nom de Dieu (Père, Fils et Saint-Esprit, dans le sens de l'Église catholique), et de Jeanne Darc, inspirée de Dieu et protectrice de la France[1], de vouloir bien abandonner les poursuites de la manière la plus absolue. Et ce sera justice!

Quant à mes antécédents judiciaires, j'affirme sur mon honneur que ma condamnation à trois mois de prison a eu pour objet un délit de presse (publication d'un ouvrage ayant pour titre : *Des Réformes urgentes à opérer dans l'administration de l'enregistrement et des domaines*).

L'arrêt du 22 janvier 1858 a été rendu, par défaut, pen-

---

1. Croyant de bonne foi, pour les *cris publics* que j'ai poussés, avoir agi dans l'intérêt de la France en donnant au Chef du Pouvoir un avertissement solennel, et considérant aussi Jeanne Darc comme une grande sainte, protectrice spéciale de la France, j'ai demandé justice au nom de Dieu, auteur de toute justice, et de Jeanne Darc, protectrice de la France et ma protectrice particulière.

Je ne vois là-dessous aucune tocade.

Néanmoins, un prêtre et un religieux, que j'ai consultés, ont été unanimes pour m'engager à supprimer ce passage.

Voici ce que je leur réponds, en maintenant l'intégralité de mon texte :

Prêtres et religieux taciturnes et timorés, vous cédez vous-mêmes à la fausse prudence du siècle, vous reniez indirectement Dieu et ses saints en n'osant point les affirmer en public, et vous baissez tristement pavillon devant l'incrédulité et l'athéisme modernes qui, eux, ne rougissent pas de s'afficher publiquement.

Or, depuis quand la lumière doit-elle s'effacer devant les ténèbres ?

dant que j'habitais Bruxelles; et la signification qui en fut probablement faite à mon dernier domicile en France, à Montmartre, rue Biron, 4, ne m'est jamais parvenue. Il est évident que si l'arrêt avait été contradictoire, la peine eût été moindre. D'ailleurs, la plainte en diffamation d'une administration publique n'avait pas été, aux termes de la loi de 1822, précédée d'une délibération du conseil d'administration autorisant les poursuites. Cette plainte était donc nulle; mais je n'eus connaissance de ce fait qu'en 1864, C'était trop tard.

Quant à ma seconde condamnation correctionnelle (15 jours d'emprisonnement pour avoir apposé des affiches manuscrites avec cette mention : Vive l'Empereur et à bas les lois de sûreté générale!), Sa Majesté l'impératrice Eugénie m'en fit grâce. Une brochure imprimée, jointe à mon dossier, relate les faits et en explique les causes.

Si j'avais eu le malheur, Monsieur le Substitut, ce que je ne crois pas, de manquer au respect que je dois à vous et à la justice, je vous serais obligé de vouloir bien agréer mes très-humbles excuses.

Et maintenant que je me suis expliqué très-clairement et très-honnêtement, mais avec la plus complète indépendance, que la très-sainte volonté de Dieu s'accomplisse !

Daignez agréer, Monsieur le Substitut, l'hommage de mon sincère respect!

II

UNE LETTRE IMAGINAIRE

Paris, le vendredi 29 décembre 1876.

A Monsieur .... juge d'instruction à ....

Monsieur le Juge d'instruction,

Mes affaires commerciales de fin d'année ne me permettent pas de déférer à votre invitation légale. D'ailleurs les trois pièces imprimées ci-jointes doivent vous prouver autant ma complète innocence que l'illégalité de la dure incarcération qu'on m'a fait subir injustement.

Les bas agents de police qui servent de témoins, et qui m'ont arrêté et maintenu de la manière la plus brutale, sont trop grossiers et trop mal élevés pour que je m'abaisse volontairement à être confronté avec eux. Pendant près de trois heures que j'ai été en leur pouvoir, ils n'ont voulu ni me laisser satisfaire à un pressant besoin naturel, ni me laisser acheter ou me faire acheter chez un pâtissier deux ou trois brioches, attendu qu'ils m'avaient arrêté presque à jeun[1].

Dans ma famille, Monsieur le Juge d'instruction, nous péchons par la vessie et non par la tête. Si dès lors une autre fois il faisait nuit comme lorsque je formulai mon désir, et que je pusse opérer ainsi sans indécence, je p...... sans ménagement, si l'on m'empêchait de nouveau de satisfaire à un pressant besoin naturel, dussé-je éclabousser mes bourreaux; car, à tout prendre, il vaut bien mieux p.... sur un bas agent de police peu complaisant, que de contracter le germe terrible et dangereux d'une maladie de vessie.

Je parle très-sérieusement, Monsieur le Juge d'instruction; car mon pauvre et infortuné père, même avant d'avoir mon âge, a été un vrai martyr de la douleur, et a souffert longtemps et horriblement d'une rétention d'urine qui a fini par le mettre au tombeau à l'âge de 64 ans.

Ce souvenir seul m'oblige à veiller avec soin sur ma vessie, et à ne point la fatiguer par une rétention d'urine.

En résumé, Monsieur le Juge d'instruction, ma confrontation est inutile et vous pouvez passer outre.

Je m'expliquerai devant le tribunal, si l'affaire n'est pas abandonnée.

J'ai eu dans le temps maille à partir avec la police impériale. Je puis affirmer, sur mon honneur et après expérience faite, que ses agents n'ont jamais eu les procédés grossiers et tracassiers de la police radicale de M. Jules SIMON-SUISSE.

---

1. A raison de ce fait et pendant la première nuit de mon injuste détention, le mauvais pain qu'on m'avait donné étant d'ailleurs immangeable, j'ai passé par toutes les atroces souffrances de l'insomnie et de la faim et par toutes les angoisses ordinaires du prisonnier mis au secret.

III

MOTIFS RÉELS DE MES ACTES POLITICO-RELIGIEUX

Athées de bonne foi (si néanmoins il en existe), libres ou tristes penseurs, incrédules et matérialistes, quand même vous ne considéreriez Notre-Seigneur Jésus-Christ que comme un simple mortel, comme un noble martyr, victime de son amour pour l'humanité, et même, selon l'expression triviale et républicaine de Camille Desmoulins, que comme le premier sans-culotte du monde; invoquez-le de bonne foi et dites-lui avec respect :

« Noble et généreux martyr, nous te considérons comme
« un homme, mais comme un homme supérieur, animé des
« meilleures intentions, et qui nous a aimés jusqu'à verser
« ton sang pour nous.

« Si tu es bien plus encore : s'il est vrai que tu sois
« réellement Dieu et que, dans l'excès de ton amour pour
« nous, tu sois descendu des splendeurs divines pour
« t'emprisonner volontairement, comme un simple mortel,
« dans le chaste sein d'une Vierge (*non horruisti virginis*
« *uterum*); ô Jésus, s'il est vrai que tu sois réellement
« Dieu et homme, Dieu pour nous sanctifier, homme pour
« avoir pitié de nous et pour participer à toutes nos mi-
« sères, moins le péché; oh! daigne me le faire connaître,
« et alors, au lieu de t'honorer comme un mortel et comme
« un martyr digne d'un meilleur sort, je t'adorerai comme
« Dieu ! »

Eh bien ! Messieurs les républicains et les révolutionnaires, j'étais révolutionnaire et républicain comme vous ; j'étais matérialiste comme vous, libre penseur comme vous, impie et débauché comme vous ! La lecture d'un passage de l'odieux livre de Renan, dans lequel cet ignoble blasphémateur osait affirmer, dans les profondeurs de son inepte orgueil et avec la dernière des suffisances, que si Jésus-Christ paraissait de nos jours, les tribunaux correctionnels seuls l'empêcheraient de propager sa doctrine ; cet odieux blasphème souleva d'indignation mon cœur d'honnête homme, bien que je ne visse depuis longtemps dans Notre-Seigneur Jésus-Christ qu'un simple mortel et un généreux martyr. Sous l'empire de cette légitime indignation, j'adressai à Dieu et à Notre-Seigneur Jésus-Christ la prière que je viens de transcrire, et j'ajoutai :

Mon Dieu ! daignez me convertir et faites plus encore : faites un saint de la plus impure des créatures humaines. Que je puisse même en votre nom et pour bien établir que votre doctrine n'a rien à craindre des tribunaux, résister énergiquement et impunément à tous les pouvoirs humains.

Dieu a daigné exaucer mes vœux. Il m'a d'abord éclairé et converti.

Ensuite et en son nom, j'ai impunément bravé le Gouvernement impérial dans toute la force de son despotisme.

J'ai bravé deux fois de suite, avec la dernière des audaces et impunément, le premier Pouvoir du pays, une Chambre toute-puissante aux yeux des hommes, très-faible et très-petite devant Dieu, une Chambre qui sera dissoute, parce qu'elle a des tendances impies et révolutionnaires.

J'ai encore résisté légalement à tout le Parquet de Versailles, ainsi que je le prouverai un jour, et ne me suis jamais sérieusement préoccupé de toutes les menaces

qu'on a pu me faire, soutenu que j'étais par ma conscience
et mon bon droit,

Et attendu que, dans toutes ces circonstances, j'ai réellement agi au nom de Notre-Seigneur Jésus-Christ, et comme
preuve qu'étant vrai Dieu et vrai homme, il n'a rien à
craindre des pouvoirs humains, je défie tout tribunal équitable de m'infliger une punition réellement méritée; car c'est
Notre-Seigneur Jésus-Christ lui-même qui a disposé les évé-
nements de telle manière que les torts fussent imputables
plutôt à l'autorité qu'à moi-même.

Je m'étais mis, en outre, sous la protection spéciale de
Notre-Dame de la Salette, en la priant avec ferveur et con-
viction, et en faisant, à cet effet, brûler plusieurs fois des
cierges en son honneur et aux pieds de sa statue, dans l'É-
glise Notre-Dame de Versailles.

J'avais demandé avec amour et avec respect à la très-
sainte Vierge, sous le vocable de Notre-Dame de la Salette,
de vouloir bien me prendre, elle et son divin Fils, sous leur
protection et d'arranger les choses de manière que, dans les
manifestations publiques que je ferais en leur nom, je ne
pusse violer sérieusement aucune loi humaine: ce qui s'est
pleinement réalisé, ainsi qu'on l'a vu dans une des pièces qui
précèdent celle-ci.

M. le commissaire de police central s'est moqué de moi
à cause de mes sentiments religieux et de mon culte d'a-
mour et de respect envers Notre-Dame de la Salette. Je pré-
viens M. le commissaire de police central que cette triste
moquerie lui portera malheur et qu'il sera puni, tant à cause
de son impiété que des abus de pouvoir dont il s'est rendu

coupable envers moi et dont j'ai fourni la preuve dans un autre Mémoire.

Un honorable magistrat mûr pour la retraite, M. le juge d'instruction Lambinet, vénérable vieillard à cheveux blancs et à barbe et favoris de neige, sans se moquer de mes sentiments religieux, a vu une preuve de folie dans mon culte de respectueux amour et de confiance filiale envers Notre-Dame de la Salette.

M. le juge d'instruction m'a ainsi considéré comme un monomane religieux troublant par ses cris l'ordre public, et m'a lui-même et dans son cabinet qualifié de fou. C'est donc en violation formelle de l'article 24 de la loi du 30 juin 1838 sur les aliénés, que M. le juge d'instruction a continué à me détenir, non pas dans un hospice, comme l'exige la loi, mais dans une prison soumise à toutes les rigueurs du système cellulaire et dans laquelle on m'a fait coucher, pendant quatre nuits de seize heures chacune, sur un lit précédemment occupé par le sieur Petit (Marcelin), de la Villette, condamné à dix ans de travaux forcés, ainsi que l'indique une inscription gravée sur les murs de la cellule (n° 46 du 3ᵉ étage).

On voit donc que si, de mon côté, par des cris publics non séditieux, j'ai commis une simple contravention de police passible d'une faible amende de onze francs et d'un emprisonnement de cinq jours au plus qui, à raison des circonstances atténuantes, ne serait jamais prononcé contre moi, l'autorité a commis à mon égard une bien plus grande illégalité en me faisant enfermer avec des criminels, et en me faisant conduire, en plein jour, devant le juge d'instruction et ramener dans ma cellule par un gendarme me tenant la main gauche avec une menotte. Dans cet état, moi, libraire établi à Versailles depuis 15 ans, honorablement connu, marié et père de sept enfants (mon fils aîné est maréchal des logis au 22ᵉ d'artillerie à Versailles), j'ai été rencontré par plusieurs personnes de ma connaissance.

Je demande dès lors justice contre cet attentat à ma liberté et à mon honorabilité.

Il n'y a que de misérables passions politiques qui aient pu faire violer la loi à ce point par les tristes gens du 4 septembre.

Je suis un honnête père de famille, un bonapartiste bien connu, resté fidèle au malheur, et qui repousse de toute l'énergie de ses convictions les perpétuelles et impuissantes calomnies des pères de l'horrible Commune de 1871, lesquels voudraient derechef arriver au Pouvoir.

Je ne méritais donc pas d'être traité comme un malfaiteur, et je demanderai justice, par toutes les voies honnêtes et légales, jusqu'à ce qu'elle me soit rendue !

Ma cruelle et inique détention de quatre jours et de quatre nuits d'un dur régime cellulaire n'est rien en comparaison des suites déplorables qu'elle vient d'amener.

En outre d'un fort rhume et d'une maladie hémorroïdale résultant du dur traitement et des émotions que j'ai subis, maintenant, dans mon intérieur, je n'ai plus ni calme ni paix. Notre vie de famille est réellement empoisonnée.

Qu'un agent de police se présente dans mon magasin pour acheter quelque chose, on croit aussitôt qu'il vient pour m'arrêter.

Qu'une importante affaire de librairie me retienne quelques heures de plus à Paris ou à Versailles, ma femme et mes pauvres enfants sont dans les transes les plus cruelles et s'imaginent qu'on vient encore de m'incarcérer ; car la police ne cesse de me faire des menaces et de dire à ma femme de bien m'avertir et de me surveiller; qu'à la moindre manifestation bonapartiste que je ferais encore, je serais traité avec la dernière rigueur.

Depuis lors ma pauvre femme et mes malheureux enfants, qui n'ont pas ma force de caractère, ne cessent de trembler et de pleurer, et n'ont de repos ni nuit ni jour. La nuit ils ont le cauchemar et ils rêvent qu'on me maltraite et qu'on m'emprisonne.

Et il ne me sera pas permis de me plaindre!

> Ah! pleure, pleure, jeune fille,
> Ton pauvre père est arrêté!
> Malgré sa nombreuse famille,
> Sous les verrous il est resté.

> Mon Dieu, quelle horrible souffrance!
> Deux jours et deux nuits au secret! (1)
> Après quatre nuits, l'espérance
> Sur mon dur grabat reparaît.

> Oui, la douceur est ma seule arme.
> On m'interroge durement.
> Avec sa menotte un gendarme
> Vient me prendre brutalement.

---

1. Pendant les deux premiers jours de ma cruelle et inique détention, je n'ai pu communiquer avec personne, pas même avec ma femme ou avec mon avocat.

Je n'ai commis délit ni crime
Et suis très-fidèle au malheur,
Je deviens ainsi la victime
Des nobles élans de mon cœur.

Nous vous reverrons, jeune Prince,
La France soupire après vous.
De l'exil quittez la province
Et comblez nos vœux les plus doux !

IV

PREUVES DÉFINITIVES DE MON INNOCENCE

Versailles, Maison d'Arrêt de la rue St-Pierre, 15 décembre 1876.

Monsieur le Juge d'instruction,

Je n'ai pas signé votre procès-verbal parce que, très-fatigué et n'ayant pas fermé l'œil de toute la nuit, je craignais que ma mémoire ne me fît défaut : c'est ce qui est arrivé. Voici, sauf les répétitions réitérées du même cri, l'ordre dans lequel ces cris ont été proférés.

I

1er Groupe. — *Parti conservateur*

Vive le Maréchal de Mac-Mahon ;

Vive le Sénat ;

Vivent les Députés conservateurs !

II

2e Groupe. — *Parti radical*

Dissolution ! Dissolution ! Dissolution ! A bas les Radicaux ! Même les Députés radicaux ! Dissolution par les voies pacifiques et légales.

Oui ;

Dissolution de la Chambre des Députés, pour cause d'impuissance !

Mon cri : *Dissolution !* — *A bas les Radicaux !* est connexe et signifie évidemment : *A bas les Radicaux* par la voie de la dissolution légale !

Or, ce cri est correct et n'est ni injurieux, ni outrageant, *vive* et *à bas* étant les deux termes politiques de l'affirmation et de la négation, et n'impliquant en eux-mêmes rien de délictueux.

Quant au fait d'avoir fait brûler un cierge d'un franc devant la statue de Notre-Dame de la Salette, pour invoquer spécialement sa haute protection, c'est un acte de vraie et solide piété autorisé et expressément recommandé par notre très-saint Père le Pape, commun à bien des fidèles, et qui ne saurait constituer un acte de bigotisme ou de folie. Je prétends même que Notre-Dame de la Salette m'a pleinement exaucé, et je le prouverai quand on me livrera à des juges indépendants, et non à des agents de police, ministres trop souvent de l'arbitraire et de l'iniquité !

En résumé, les cris que j'ai proférés sont des cris publics, mais qui n'ont rien de séditieux ; et je ne comprends point que, pour une aussi mince peccadille, on ait le droit de me retenir indéfiniment ici et de continuer à m'arracher à mon commerce, à ma femme et à mes enfants.

Monsieur Lambinet, vous êtes un très-habile juge d'instruction ; mais permettez-moi de vous dire que vous êtes un fort mauvais théologien !

Votre très-respectueux prisonnier.

Typographie Lahure, rue de Fleurus 9, Paris.